긴 생각
짧은 **도형 심리**
이야기

오미라 지음

MIRACLE COMMUNICATION COACHING
미라클 대화&관계코칭

오미라 원장과 함께 하는 마법의 도형심리코칭

MIRACLE COMMUNICATION COACHING
미라클 대화 & 관계 코칭

Contents

관계코칭

GPA 동그라미 유형	14
GPA 에스(곡선) 유형	27
GPA 삼각형 유형	39
GPA 오각형 유형	51
GPA 육각형 유형	63
GPA 사각형 유형	75

대화코칭

GPA 동그라미 유형	89
GPA 에스(곡선) 유형	103
GPA 삼각형 유형	117
GPA 오각형 유형	131
GPA 육각형 유형	145
GPA 사각형 유형	159

긴 생각
짧은 **도형 심리**
이야기

MIRACLE COMMUNICATION COACHING

미라클 대화 & 관계코칭

우리의 목적은
서로 같아지는 것이 아니라
타인을 이해하고
있는 모습 그대로 존중하며
인정하는 것을 배우는
과정에 있으며
내 안에 탁월함을 발견하고
귀중한 가치에 부합되게
나의 삶을 창조해 가는 것에 있다.

Today & tomorrow HRD Center

Psychology Geometrics System
Copyright by Mira Oh, 2015. 10
www.tnthrd.com l www.도형나라.com

TNT ORM GPA® 대화&관계 코칭

타인(부모자녀, 배우자, 동료, 친구) 과 행복한 관계형성 기술은
사회성을 기르는 성공과 행복의 열쇠입니다.

자신과 상대방의 성향을 파악하여 어떻게 하면 좋은
관계를 유지할 수 있는지에 대한 안내서가 될 것입니다.

당신과 파트너의 행복한 관계를 위한
대화 & 관계코칭에 주목해보세요!

GPA® 기하심리 성격유형 검사

● 간단한 형용사로 구성된 48개의 문항과 그림검사입니다.

**오미라에 의해 개발된 TNT OMR GPA 도형심리유형검사는 국내외
최초로 그림검사(현재의 심리와 정서)와 문항검사(성격유형)를 동시에
진단할 수 있는 탁월한 검사도구 입니다.**

● GPA 도형심리 어플리케이션 검사안내

1. 구글 플레이 스토어 & 네이버에서 '힐링도형심리' 검색
2. 오른쪽 상단 열쇠이미지를 클릭하여 회원가입 후
3. 상단 도형심리 컬러 테라피 무료 검사
4. 하단 도형심리성격유형 검사 유료
5. 결과 보관함 다시 보기는 오른쪽 상단 별표이미지 클릭

● GPA 도형심리 온라인 검사안내

   www.tnthrd.com l www.도형나라.com

GPA® 기하심리 8 Type_성격강점

탁월한 커뮤니케이터

부드러운 봉사자

추진력 강한 리더자

탁월한 행정가

다재 다능한 예술가

창조적인 연구개발자

정확 철저한 내용 전문가

성인군자형 참모

GPA® 기하심리 6 Type_성격강점

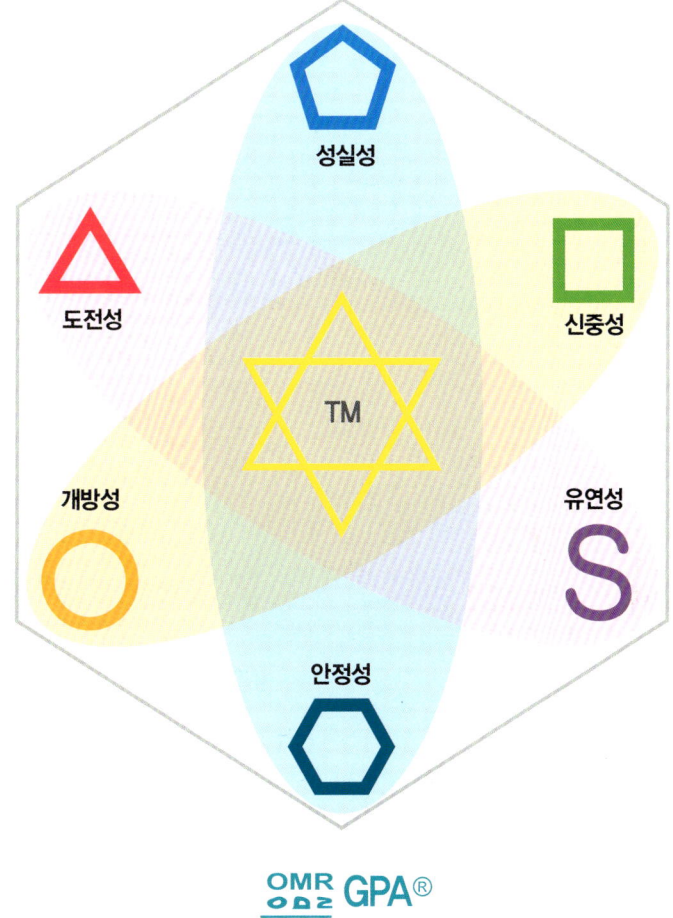

TNT ORM GPA® 도형심리 검사 소개

GPA 도형심리검사는 객관적 문항검사(objective test)와 투사적 그림검사(projective test)를 혼합 사용하여 국내외 최초로 독자 개발 되었다.

자기보고식 심리검사를 실시할 경우 외부로 드러난 심리검사 결과는 연속선상에 있는 점수이지만 이런 결과를 도출하게 한 내면의 과정은 연속적인 것이 아닐 수 있다.

네 가지 도형 중 가장 먼저 세 번 선택한 도형그림은 내담자의 처한 상황이나 심리, 정서 상태에 따라 고정되어 있지 않고 변화하며 개인의 역동성을 현재에 반영하여 드러내게 된다.
그러므로 성격유형을 결정짓는 기준은 **객관적 문항검사 결과를 바탕으로** 하게 되며 도형심리그림검사는 투사적 검사방법에 의하여 **현재의 심리,정서적 수준을 평가**하는 도구로 활용될 수 있다.

OMR TNT ORM GPA® 기하심리검사
ODZ Geometry Psychology Assessment

○△□S 기하심리검사 내면여행

검사방법
네 가지 도형 중 가장 마음에 드는 도형 1개를 골라 세 번 그린 다음 나머지 도형은 각 한 번씩 그린다.

(주) 티앤티인재개발원 | WWW.도형나라.COM

OMR TNT ORM GPA® 기하심리검사
Geometry Psychology Assessment

대인관계 대처방식_사고중심형_Thinking

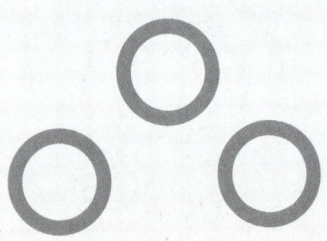

- Who / 내용중심
- 손잡기
- 사고+감정
- 이성적
- 논리

- Who / 내용중심
- 바라보기
- 사고형
- 객관성
- 독립적

OMR TNT ORM GPA® 기하심리검사
Geometry Psychology Assessment

대인관계대처방식_ 관계 중심형_Feeling

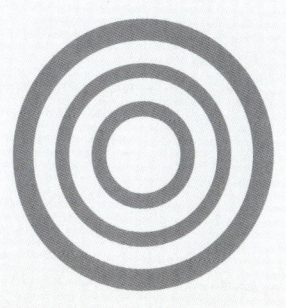

- Who / 관계중심
- 포옹하기
- 감정형
- 친밀감
- 몰입

- Who / 관계중심
- 팔장끼기
- 감정+사고
- 지속성
- 유지

TNT ORM GPA® 관계 코칭

문항검사결과에 의해 당신과 파트너의 좋은 관계를 위한
관계 코칭입니다.
자신과 상대방의 성향을 파악하여 어떻게 하면
좋은 관계를 유지할 수 있는지에 대한 안내가 될 것입니다.

부모자녀, 배우자, 동료, 친구에게도 동일하게
적용할 수 있습니다.

오미라에 의해 최초로 개발된 **TNT OMR GPA®**
도형심리 성격유형검사는 회사홈페이지 온라인 검사실에서
검사할 수 있습니다.

GPA 도형심리 온라인 검사안내
www.tnthrd.com l www.도형나라.com

GPA® 도형심리 관계 코칭 최초개발자 오미라

ORM GPA® 도형심리 관계유형 프로파일

GPA® 도형심리 미라클 **관계코칭**

행복한 인간 관계를 위하여 자신이
좀 더 노력할 부분이 있다면 무엇일까요?

당신이 동그라미 타입이라면

관계코칭

동그라미 유형을 만났을 때

동그라미 유형과 함께 만나면
밤을 새며 이야기를 해도 모자란다.
대화 시작 전에 시간을 정해놓고
계획적인 시간을 갖도록 노력하라.

GPA® 도형심리 미라클 **관계코칭**

행복한 인간 관계를 위하여 자신이
좀 더 노력할 부분이 있다면 무엇일까요?

당신이 동그라미 타입이라면

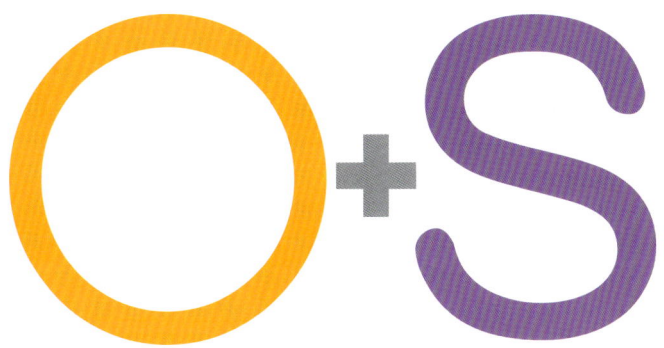

관계코칭

에스(곡선) 유형을 만났을 때

에스유형을 만나면 민감한 감성을 함께 공유하게 될 것이다. 그러나 단순하고 긍정적이며 낙천적인 당신의 성향과 매우 다르기 때문에 에스유형의 복잡한 사고와 생활태도를 이해하기 어려워 할 수있다.

GPA® 도형심리 미라클 **관계코칭**

행복한 인간 관계를 위하여 자신이
좀 더 노력할 부분이 있다면 무엇일까요?

당신이 동그라미 타입이라면   CIRCLE

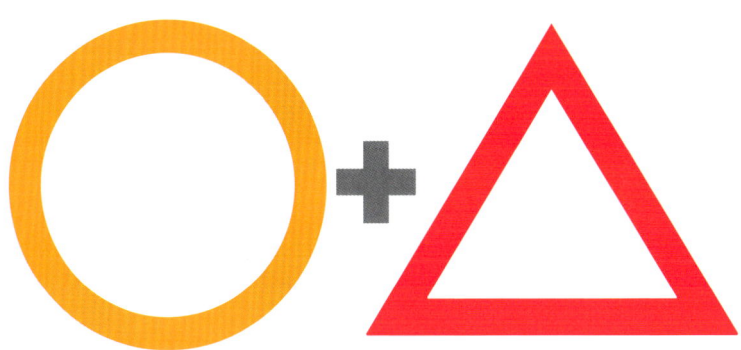

관계코칭

삼각형 유형을 만났을 때

세모형은 간결하고 단정적이며 결론을 중요하게 여긴다.
성급한 세모에게 장황한 설명을 하지 말라.
강한 자존심을 건드리지 않도록 조심하라.
지시적인 말을 하지말라. 당신의 부드러움을 좋아한다.

GPA® 도형심리 미라클 **관계코칭**

행복한 인간 관계를 위하여 자신이
좀 더 노력할 부분이 있다면 무엇일까요?

당신이 동그라미 타입이라면

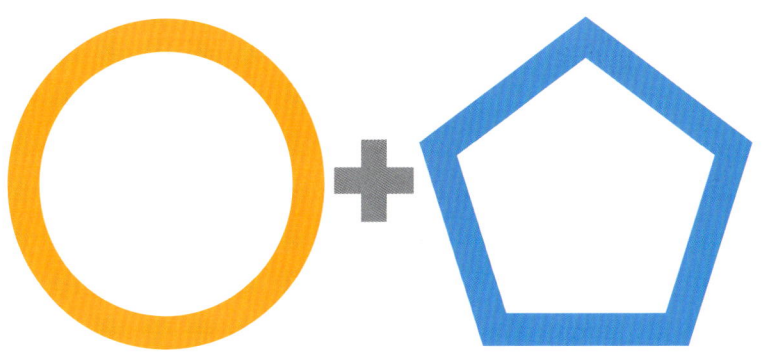

관계코칭

오각형 유형을 만났을 때

계획적이고 빈틈없는 오각형의 생활태도를 좋아하게 된다.
당신의 산만함과 무절제함을 보완해 주게 될 것이다.
그(녀)의 철저함에 불편해하지 않는다면···

GPA® 도형심리 미라클 **관계코칭**

행복한 인간 관계를 위하여 자신이
좀 더 노력할 부분이 있다면 무엇일까요?

당신이 동그라미 타입이라면

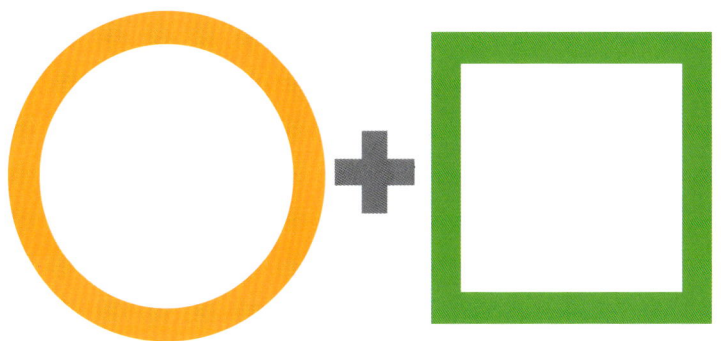

관계코칭

사각형 유형을 만났을 때

차분하고 조용하며 절도 있고 신중한 네모형 앞에
당신은 시끄럽고 말 많은 수다쟁이,
재미있고 다정한 사람이지만 속이 깊고 말이 없는
네모형 앞에서는 가끔 침묵할 필요가 있다.

GPA® 도형심리 미라클 **관계코칭**

행복한 인간 관계를 위하여 자신이
좀 더 노력할 부분이 있다면 무엇일까요?

당신이 동그라미 타입이라면

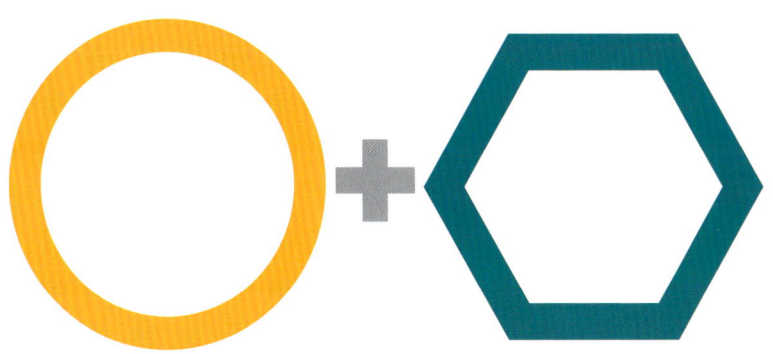

관계코칭

육각형 유형을 만났을 때

서로 비슷한 것 같지만 매우 다르다. 호수같이 잔잔하고 낙천적이며 품위가 있고 우아한 육각형은 당신이 조용하고 상냥한 동그라미 이길 기대한다. 당신의 소란스러움이 육각형에게 스트레스가 되지 않도록 주의하라.

GPA® 도형심리 미라클 **관계코칭**

행복한 인간 관계를 위하여 자신이
좀 더 노력할 부분이 있다면 무엇일까요?

당신이 에스(곡선) 타입이라면
CURVE

관계코칭

에스(곡선) 유형을 만났을 때

즐거움을 찾아 떠나는 일을 공유하며
창조적 활동을 함께한다. 당신들의 커플은
매우 독특하고 자유로우며 개방적이다.
미적 감각을 추구하며 또한 미각에 뛰어난 당신들은
멋과 맛에 대하여 지출되는 소비를 억제할 필요가 있다.

GPA® 도형심리 미라클 **관계코칭**

행복한 인간 관계를 위하여 자신이
좀 더 노력할 부분이 있다면 무엇일까요?

당신이 에스(곡선) 타입이라면

CURVE

관계코칭

동그라미 유형을 만났을 때

조용한 면과 시끄러운 면을 동시에 가지고 있는 당신이
동그라미를 만나면 때로는 편하고, 때로는 불편할 것이다.
당신의 긍정적인 면을 보여주기 위해 노력하라
당신의 복잡미묘함이 어렵게 느껴질 수 있다.

GPA® 도형심리 미라클 **관계코칭**

행복한 인간 관계를 위하여 자신이
좀 더 노력할 부분이 있다면 무엇일까요?

당신이 에스(곡선) 타입이라면　　CURVE

관계코칭

삼각형 유형을 만났을 때

세모는 간결하고 단정적이며 결론을 중요하게 여긴다.
지시적인 말투, 강한 자기주장, 통제를 용납할 준비를 하라.
목표를 세워 지칠 줄 모르고 달리는 세모형에게
당신이 여성이라면 좋은 파트너가 된다.

GPA® 도형심리 미라클 **관계코칭**

행복한 인간 관계를 위하여 자신이
좀 더 노력할 부분이 있다면 무엇일까요?

당신이 에스(곡선) 타입이라면

관계코칭

오각형 유형을 만났을 때

계획적이고 절도 있는 오각형에게 당신의 자유분방함이
당연하게 받아들여지길 기대하지 말라.
오각형의 조언을 받아들이고 수용할 수 있다면
당신의 성공은 보증수표이다.
어떻게 할 것인가? 결정하라!

GPA® 도형심리 미라클 **관계코칭**

행복한 인간 관계를 위하여 자신이
좀 더 노력할 부분이 있다면 무엇일까요?

당신이 에스(곡선) 타입이라면

관계코칭

사각형 유형을 만났을 때

규칙과 규범을 준수하고 매우 상식적이며
틀 안에 있기를 편안하게 여기는 네모는
당신의 자유로움과 기발한 창조적 에너지를 이해하기에
혼란스러워 할 것이라는 사실을 기억하

GPA® 도형심리 미라클 **관계코칭**

행복한 인간 관계를 위하여 자신이
좀 더 노력할 부분이 있다면 무엇일까요?

당신이 에스(곡선) 타입이라면

CURVE

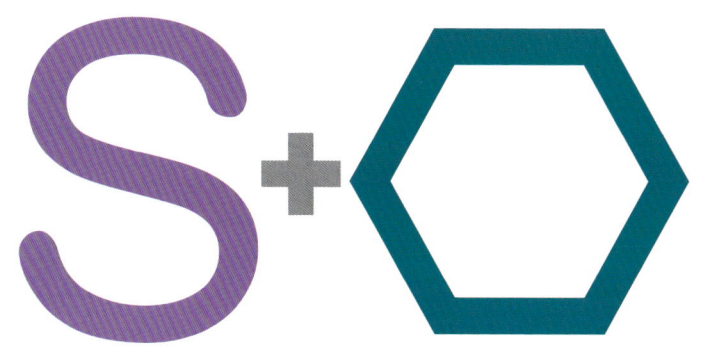

관계코칭

육각형 유형을 만났을 때

당신이 무례하지 않고 친절하다면 당신을 편안하게 수용하며 너그럽게 받아들인다. 서로의 마음을 확인하고 개방하기까지 많은 시간이 걸릴 것을 예상하라.
솔직한 대화를 시도하라.

GPA® 도형심리 미라클 **관계코칭**

행복한 인간 관계를 위하여 자신이 좀 더 노력할 부분이 있다면 무엇일까요?

당신이 에스(곡선) 타입이라면

관계코칭

삼각형 유형을 만났을 때

동일한 세모형을 만나면 자기주장을 삼가하고
서로의 자존심을 건드리지 않도록 조심하라.
동일한 목표를 세워서 함께 갈 때 가장 좋은 파트너이다.
상대방의 의견을 최대한 존중하라.

GPA® 도형심리 미라클 **관계코칭**

행복한 인간 관계를 위하여 자신이
좀 더 노력할 부분이 있다면 무엇일까요?

당신이 에스(곡선) 타입이라면

관계코칭

동그라미 유형을 만났을 때

밝고 명랑하며 낙천적이고 긍정적인 동그라미 유형의 강점을 배울 수 있다. 매우 사교적이고 다정하며 원만한 관계를 유지할 줄 아는 동그라미는 당신의 훌륭한 파트너이다.
동그라미의 수다를 잘 들어줄수만 있다면...

GPA® 도형심리 미라클 **관계코칭**

행복한 인간 관계를 위하여 자신이 좀 더 노력할 부분이 있다면 무엇일까요?

당신이 에스(곡선) 타입이라면

관계코칭

에스(곡선) 유형을 만났을 때

어떤 상황에서도 유연함과 융동성이 넘치는
자유로운 에스유형을 이해해야 잘 지낼 수 있다.
어디로 튈지 모르는 럭비공이다. 가두려고 하지 말라.
자율을 허용하라.

GPA® 도형심리 미라클 **관계코칭**

행복한 인간 관계를 위하여 자신이 좀 더 노력할 부분이 있다면 무엇일까요?

당신이 에스(곡선) 타입이라면

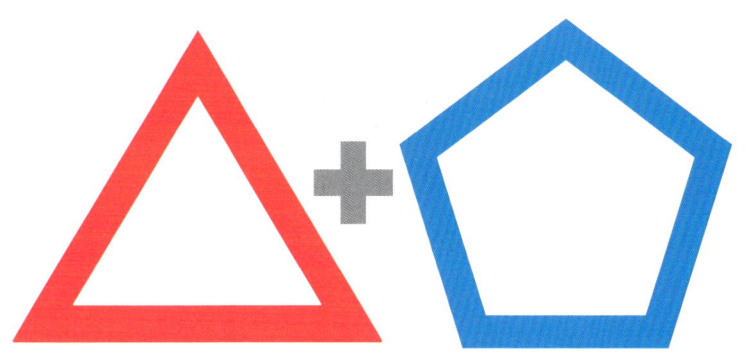

관계코칭

오각형 유형을 만났을 때

당신이 목표를 향해 앞으로 전진할 때 가끔 뒤를 돌아본다.
앞으로 나아가지만 때로 머물러 있는
오각형의 조언을 받아들여라.
당신의 약점을 보완해줄 훌륭한 파트너이다.

GPA® 도형심리 미라클 **관계코칭**

행복한 인간 관계를 위하여 자신이 좀 더 노력할 부분이 있다면 무엇일까요?

당신이 에스(곡선) 타입이라면

관계코칭

사각형 유형을 만났을 때

네모형의 분석적이고 신중한 면을 존중하라.
당신이 섣부르게 시도할때 네모는 완벽함을 추구한다.
당신의 성급함과 지칠 줄 모르는 추진력이
네모형의 마음에는 불안하고 두려움을 갖게하는
근원이 될 수도 있다는 것을 주의하라.

GPA® 도형심리 미라클 **관계코칭**

행복한 인간 관계를 위하여 자신이 좀 더 노력할 부분이 있다면 무엇일까요?

당신이 에스(곡선) 타입이라면

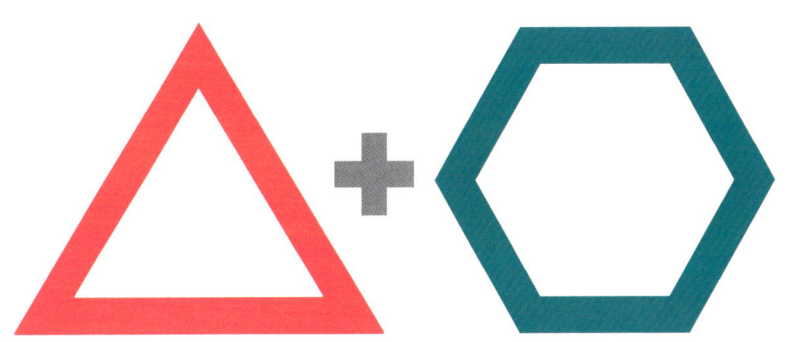

관계코칭

육각형 유형을 만났을 때

육각형에게서 너그러움과 낙천적이고
여유있는 느긋함을 배우라. 성급한 세모형 당신에게는
우유부단하고 느리고 때로 답답하게 여겨질 수 있다.
세모형 앞에서 이들은 입을 다물고 침묵으로 일관할 수있다.
당신에게 의존한다.

GPA® 도형심리 미라클 **관계코칭**

행복한 인간 관계를 위하여 자신이
좀 더 노력할 부분이 있다면 무엇일까요?

당신이 오각형 타입이라면

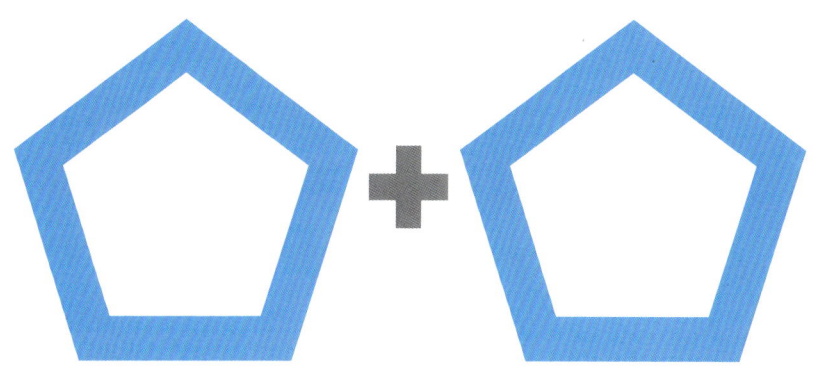

관계코칭

오각형 유형을 만났을 때

같은 오각형을 만나면 매우 건조하다.
즐거움이나 흥미거리를 찾기보다 사회문제에 참여하고
토론을 즐기며 매우 상식적이다. 서로 편안하다.
여성일 경우 부드러움과 따뜻함, 다정함을 개발하라.

GPA® 도형심리 미라클 **관계코칭**

행복한 인간 관계를 위하여 자신이
좀 더 노력할 부분이 있다면 무엇일까요?

당신이 오각형 타입이라면

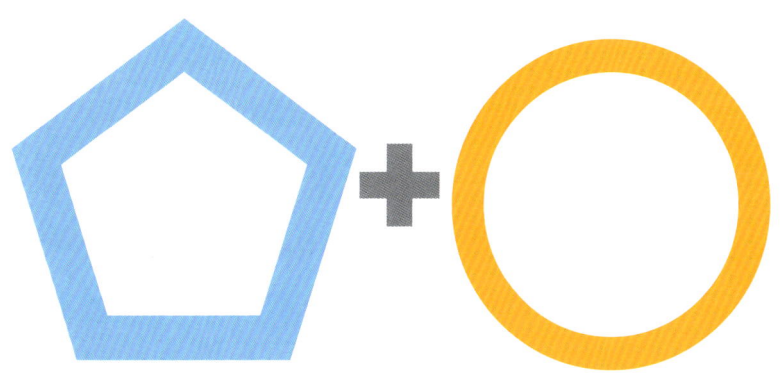

관계코칭

동그라미 유형을 만났을 때

동그라미유형의 부드러움과 다정다감함을 배우라.
그들의 이야기를 충분히 들어주기 위해 노력하라.
당신이 매우 냉정한 사람이라고 생각하며 서운함을 갖기 쉽다.
공감하며 맞장구를 함께 쳐줘라

GPA® 도형심리 미라클 **관계코칭**

행복한 인간 관계를 위하여 자신이
좀 더 노력할 부분이 있다면 무엇일까요?

당신이 오각형 타입이라면

관계코칭

에스(곡선) 유형을 만났을 때

당신의 상식적인 주관으로 설득하려고 하지 말라.
당신이 매우 반듯하다고 인정은 하지만 가르치려 하거나
잔소리로 들린다. 스스로 깨닫고 경험한 것을 행동으로 옮긴다.
그때까지 기다려 줘라.

GPA® 도형심리 미라클 **관계코칭**

행복한 인간 관계를 위하여 자신이
좀 더 노력할 부분이 있다면 무엇일까요?

당신이 오각형 타입이라면

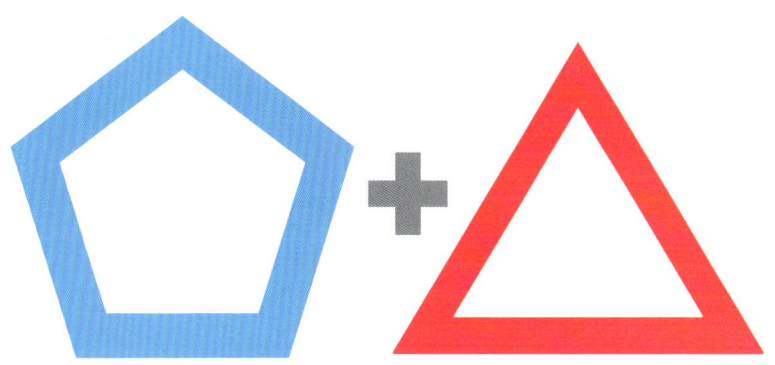

관계코칭

삼각형 유형을 만났을 때

당신보다 조금은 더 추진력있고 결단력이 강하다.
당신이 머뭇거릴 때 이들은 한 걸음 더 시도하고 전진한다.
반드시 필요하다면 자존심이 상하지 않도록 신중하게
당신의 의견을 전달하라.

GPA® 도형심리 미라클 **관계코칭**

행복한 인간 관계를 위하여 자신이
좀 더 노력할 부분이 있다면 무엇일까요?

당신이 오각형 타입이라면

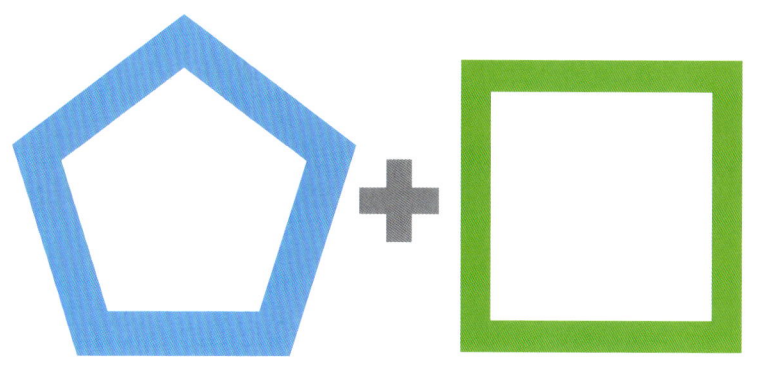

관계코칭

사각형 유형을 만났을 때

당신보다 조금 더 차분하고 신중하다.
새로운 것을 시도하기 매우 어려워한다.
더 정확하기 위해 노력한다.
당신이 일부 가지고 있는 네모성향을 닮아 있기에
비슷한 점을 발견하게 될 것이다.

GPA® 도형심리 미라클 **관계코칭**

행복한 인간 관계를 위하여 자신이
좀 더 노력할 부분이 있다면 무엇일까요?

당신이 오각형 타입이라면

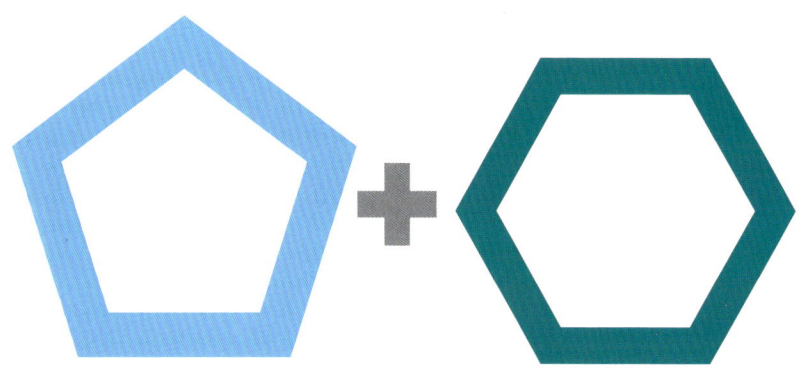

관계코칭

육각형 유형을 만났을 때

당신보다 조금 더 원만하고 둥글다.
여유가 있고 낭만을 즐기며 감성적이다.
예술적 경향을 즐긴다. 고전적이고 전통적이다.
당신의 매우 현실적이고 사실적인 화제에 대해
관심이 별로 없다는 사실을 주의하라.

GPA® 도형심리 미라클 **관계코칭**

행복한 인간 관계를 위하여 자신이
좀 더 노력할 부분이 있다면 무엇일까요?

당신이 육각형 타입이라면

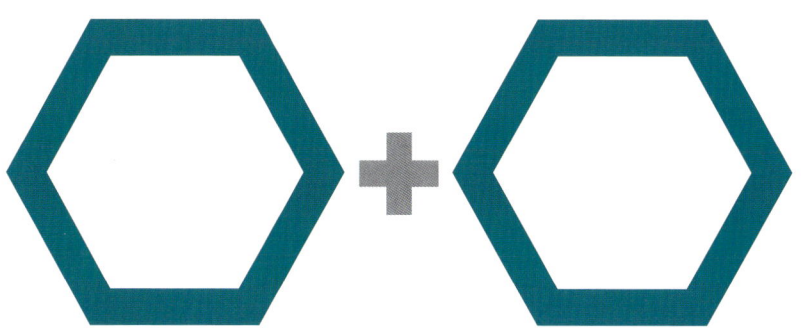

관계코칭

육각형 유형을 만났을 때

당신의 형제나 자매를 만난 듯 친숙하게 여겨진다. 지나치게 조용하고 정돈되어 있고 보수적이며 안정적인 성향을 가지고 있다. 새로운 일을 시도하거나 수용하기 위해 서로 노력해야한다.

GPA® 도형심리 미라클 **관계코칭**

행복한 인간 관계를 위하여 자신이 좀 더 노력할 부분이 있다면 무엇일까요?

당신이 육각형 타입이라면

HEXAGON

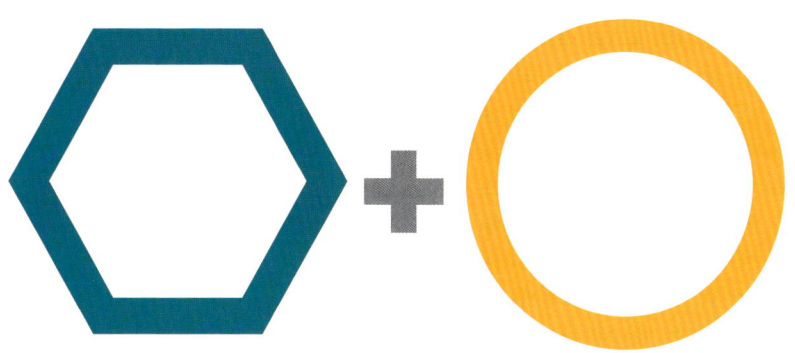

관계코칭

동그라미 유형을 만났을 때

동그라미의 시끄러운 수다를 들을 준비를 하라.
다양한 화제와 끊임없는 이야기에 지칠 줄 모른다.
대화에 참여하기 위해 노력하라. 그러나 심리적으로
피곤할 땐 솔직하게 당신의 감정을 표현하라.

GPA® 도형심리 미라클 **관계코칭**

행복한 인간 관계를 위하여 자신이
좀 더 노력할 부분이 있다면 무엇일까요?

당신이 육각형 타입이라면   HEXAGON

관계코칭

에스(곡선) 유형을 만났을 때

당신이 에스를 만나면 예술적 감성을 함께 나누며 현실보다는 이상적인 유토피아를 꿈꾸고 자유로운 대화를 공유한다. 당신에게는 매우 환상적인 파트너이지만 현실을 인식하고 대안을 탐색하고 건설적인 대화를 시도하라.

GPA® 도형심리 미라클 **관계코칭**

행복한 인간 관계를 위하여 자신이
좀 더 노력할 부분이 있다면 무엇일까요?

당신이 육각형 타입이라면

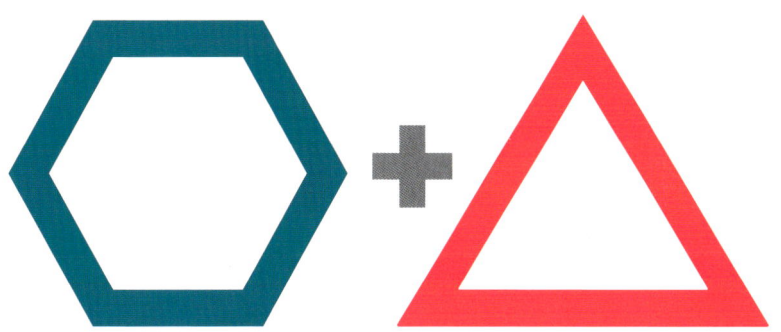

관계코칭

삼각형 유형을 만났을 때

매우 성급한 세모는 당신의 느긋함에 인내심이 부족하다는 사실을 인정하라. 당신이 화가 나 있거나 불만족스러움을 알아차리지 못한다고 서운해하지 말라.
그것을 말로서 표현하라 때로는 정중하게 거절하라.

GPA® 도형심리 미라클 **관계코칭**

행복한 인간 관계를 위하여 자신이
좀 더 노력할 부분이 있다면 무엇일까요?

당신이 육각형 타입이라면

HEXAGON

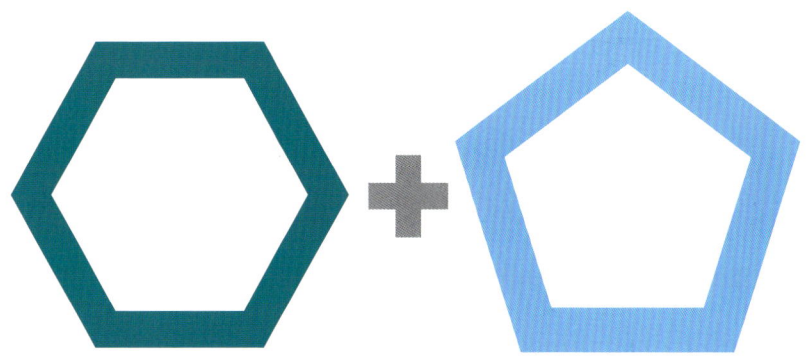

관계코칭

오각형 유형을 만났을 때

절도있고 규칙적이며 규범적인 오각형은
당신의 예술적 성향이나 감성을 이해하는데 느리다.
당신이 좋아하고 싫어하는 것에 대해 **지나치게**
타인을 의식하지 말고 솔직하게 이야기하라.
충분히 받아들일 준비가 되어 있다.

GPA® 도형심리 미라클 **관계코칭**

행복한 인간 관계를 위하여 자신이 좀 더 노력할 부분이 있다면 무엇일까요?

당신이 육각형 타입이라면

HEXAGON

관계코칭

사각형 유형을 만났을 때

차분하고 조용하며 절도있고 신중한 네모를 만나면
당신은 친근하고 편안함을 느낄 것이다.
그러나 네모는 당신에게 더 정확하고 빈틈없는
완벽을 요구할 수 있다는 사실을 알고 있어야 한다.

GPA® 도형심리 미라클 **관계코칭**

행복한 인간 관계를 위하여 자신이
좀 더 노력할 부분이 있다면 무엇일까요?

당신이 사각형 타입이라면

SQUARE

관계코칭

네모 유형을 만났을 때

당신의 형제나 자매를 만난 듯 친숙하게 여겨진다.
지나치게 조용하고 정돈되어 있고 보수적이며
안정적인 성향을 가지고 있다. 새로운 일을 시도하거나
수용하기 위해 서로 노력해야한다.

GPA® 도형심리 미라클 **관계코칭**

행복한 인간 관계를 위하여 자신이 좀 더 노력할 부분이 있다면 무엇일까요?

당신이 사각형 타입이라면

관계코칭

동그라미 유형을 만났을 때

당신이 1년간 친하지 못한 사람을 단 1시간 만에 친구로 만들어버리는 동그라미의 사교적이며 사람을 좋아하고 원만한 관계를 유지할 줄 아는 대화와 관계의 기술을 배우고 터득하라.

GPA® 도형심리 미라클 **관계코칭**

행복한 인간 관계를 위하여 자신이
좀 더 노력할 부분이 있다면 무엇일까요?

당신이 사각형 타입이라면

SQUARE

관계코칭

에스(곡선) 유형을 만났을 때

당신은 틀 안에 있을 때 편안하지만
에스형은 틀을 벗어나 있을 때 편안하다.
당신은 반복적인 것이 편안하지만 에스형은 늘 새로운 것이
흥미롭다. 당신 안에 가두려고 하지말고 자유로움을 허용하라.

GPA® 도형심리 미라클 **관계코칭**

행복한 인간 관계를 위하여 자신이
좀 더 노력할 부분이 있다면 무엇일까요?

당신이 사각형 타입이라면

SQUARE

관계코칭

삼각형 유형을 만났을 때

당신이 생각만 하면서 시도하지 못하고 결정하지 못할 때 과감한 세모형에게 그 일을 추진하도록 도움을 요청하라. 그러나 너무 의존하지 말라. 수동적이 될 수있다.
일에 있어서 당신의 좋은 파트너이다.

GPA® 도형심리 미라클 **관계코칭**

행복한 인간 관계를 위하여 자신이 좀 더 노력할 부분이 있다면 무엇일까요?

당신이 사각형 타입이라면

SQUARE

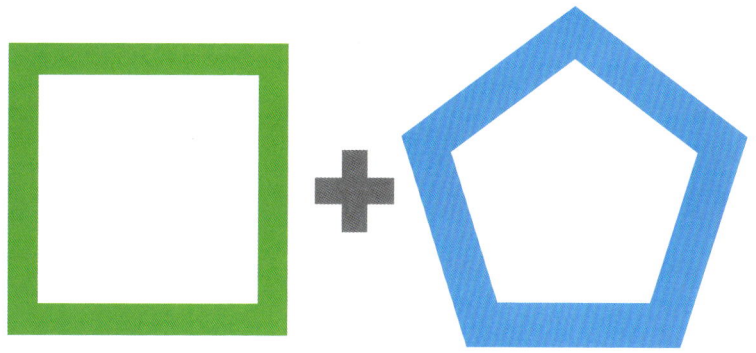

관계코칭

사각형 유형을 만났을 때

당신은 신중하면서도 추진력있는 오각형의 매력을 좋아하게 될 것이다. 서두름 없이 당신이 생각만 하고 있는 일을 추진하고 앞으로 나아가도록 돕는다. 일과 사랑에 있어서 좋은 파트너이다.

GPA® 도형심리 미라클 **관계코칭**

행복한 인간 관계를 위하여 자신이
좀 더 노력할 부분이 있다면 무엇일까요?

당신이 사각형 타입이라면

관계코칭

육각형 유형을 만났을 때

당신과 가장 많이 닮아 있어 편안하다.
조용한 것을 좋아하고 가장 상식적이며
예의바르고 책임감있고 성실한 면에 공통점이 있다.
당신이 조금만 더 융통성이 있다면
좋은 관계를 유지할 수 있다.

TNT ORM GPA® 대화 코칭

TNT OMR GPA® 도형심리 유형별 의사소통방식에
대한 코칭입니다.

당신의 꾸준한 노력에 의해 당신의 대화 방식은
기적처럼 달라질 수 있으며 가족이나 동료 등
타인과 좋은 관계를 유지할 수 있을 뿐만 아니라
자신이 속한 공동체에서 달라진 당신의 모습을
기대할 수 있습니다.

오미라에 의해 최초로 개발된 **TNT OMR GPA®
도형심리 성격유형검사**는 회사홈페이지 온라인 검사실에서
검사할 수 있습니다.

GPA 도형심리 온라인 검사안내
www.tnthrd.com l www.도형나라.com

GPA® 도형심리 대화 코칭 최초개발자 오미라 OMR 오미라

ORM GPA® 도형심리 대화유형 프로파일

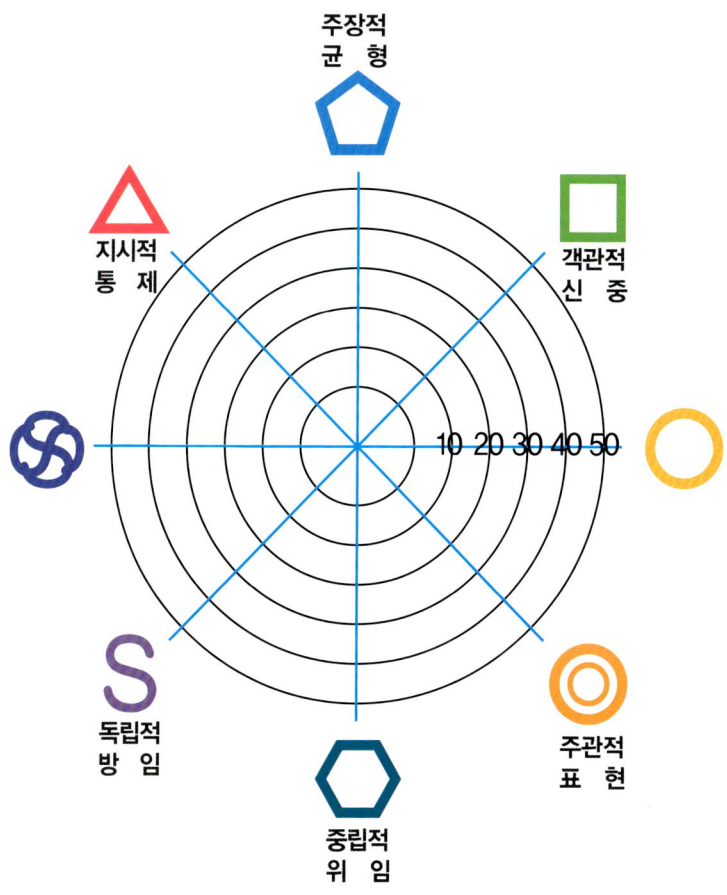

GPA® 도형심리 미라클 **대화코칭**

동그라미 외향타입_Extraversion Round / ER

처음 보는 사람에게도 자연스럽게 먼저 말을 건네는
사교적인 경향을 가지고 있으며 여러 사람이 모인
가운데 대화를 주도하는 편이다.

내 자신의 감정을 솔직하게 표현하며 다양한 경험에
개방적이다. 타인의 평가에 구애 받지 않고 내 의견을
말하며 타인의 말을 듣기보다 자신이 훨씬 더 많은 말을
하는 편이다.

대화할 때 곤란하면 농담이나 유머를 시도하여 상황을
바꾸려고 노력한다. 누가 나의 의견에 반대하여도
감정이 크게 상하지 않는다.

대화할 때 음성이 크고 말이 많아 시끄럽다는 이야기를
자주 듣는다. 분위기가 침체되거나 지루해지면 화제를
바꾸어 분위기를 바꾸려 한다

GPA® 도형심리 유형별 특성

동그라미 유형
CIRCLE
탁월한 커뮤니케이터

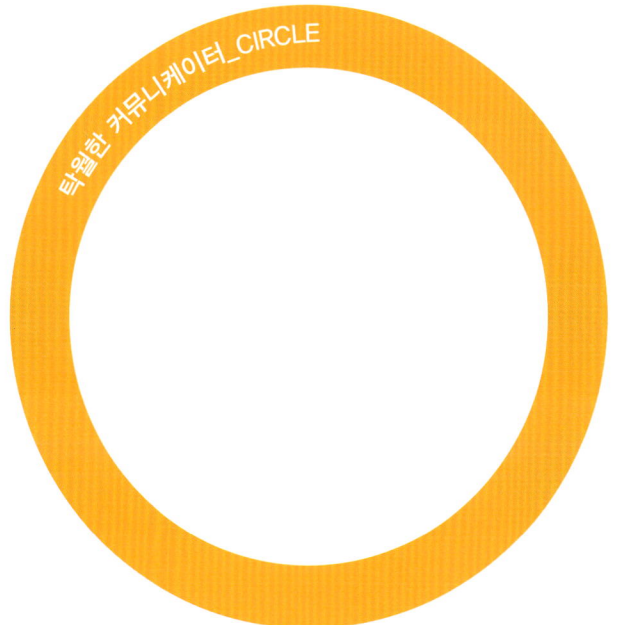

GPA® Miracle Model

GPA® 도형심리 미라클 **대화코칭**

행복한 인간관계와 성공적인 의사소통을
위하여 자신이 좀 더 노력할 부분이 있다면 무엇일까요?

GPA® 의사소통 방식 훈련

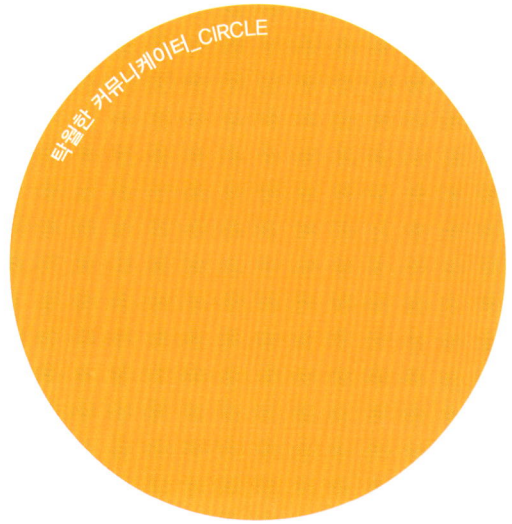

의사소통 방식 훈련 01

요가, 명상 등 자기조절과 극기훈련을 한다.

GPA® 도형심리 미라클 **대화코칭**

행복한 인간관계와 성공적인 의사소통을
위하여 자신이 좀 더 노력할 부분이 있다면 무엇일까요?

GPA® 의사소통 방식 훈련

의사소통 방식 훈련 02

° 감정이 격할 때 틈을 두고 천천히 말한다.
° 현실상황이나 여건을 감안하고 행동한다.

GPA® 도형심리 미라클 **대화코칭**

행복한 인간관계와 성공적인 의사소통을
위하여 자신이 좀 더 노력할 부분이 있다면 무엇일까요?

GPA® 의사소통 방식 훈련

의사소통 방식 훈련 03

° 상대방의 말을 두 번 듣고 한 번 말하라.
° 상대방이 하는 말의 내용을 정확히 파악하고 내 의견을 말한다.

GPA® 도형심리 미라클 **대화코칭**

행복한 인간관계와 성공적인 의사소통을 위하여 자신이 좀 더 노력할 부분이 있다면 무엇일까요?

GPA® 의사소통 방식 훈련

동그라미 유형
CIRCLE
탁월한 커뮤니케이터

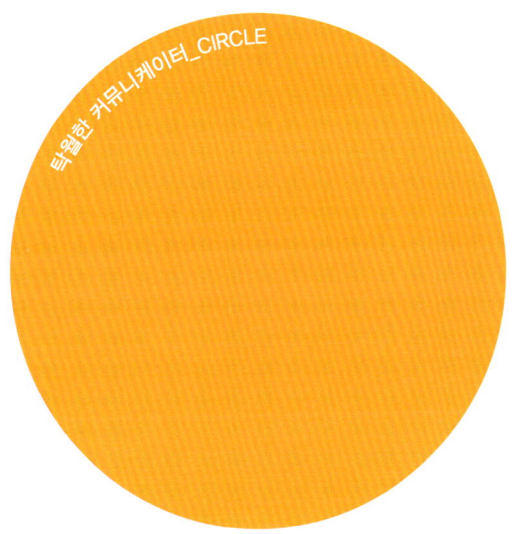

의사소통 방식 훈련 04

° 하려는 말이나 계획을 미리 문장화하고 구체화한다.
° 언제, 어디서나, 누가, 무엇을 했는지에 대해 정확하게 묻고 생각한다.

GPA® 도형심리 미라클 **대화코칭**

행복한 인간관계와 성공적인 의사소통을
위하여 자신이 좀 더 노력할 부분이 있다면 무엇일까요?

GPA® 의사소통 방식 훈련

탁월한 커뮤니케이터_CIRCLE

의사소통 방식 훈련 05

° 가능성과 결과를 예측하고 전체를 보며 추진한다.

GPA® 도형심리 미라클 **대화코칭**

행복한 인간관계와 성공적인 의사소통을
위하여 자신이 좀 더 노력할 부분이 있다면 무엇일까요?

GPA® 의사소통 방식 훈련

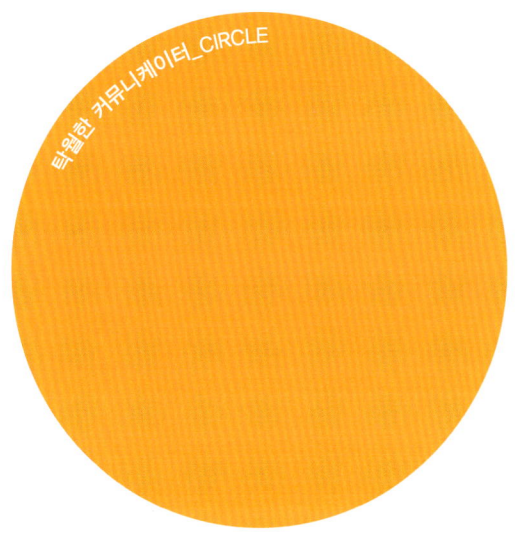

의사소통 방식 훈련 06

° 무엇이든 먼저 계획을 세우고 실천한다.
° 찬반양쪽을 모두 파악하고 판단한다.

GPA® 도형심리 미라클 **관계코칭**

에스(곡선)형 내향타입_Introversion Sensitive /IS

대화하기 전에 실수하면 어떡하나 걱정이 먼저 앞선다.
이성적이고 차분하며 냉정하게 생각하고 객관적으로
수용되지 않는 일에는 조목조목 따지는 편이다.

상대방의 잘못을 쉽게 받아들이기 어렵다.
자신의 감정이나 생각을 쉽게 드러내지 않는다.
다른 사람의 결점이나 잘못에 대하여 비판하는 경향이 있다.

생각이 자주 바뀌고 여러 가지 행동을 해서 산만하다는
말을 듣는다. 자신의 감정을 표현하는 것이 어렵고
혼자라고 느낄 때가 종종 있다.
불편한 상황에서 안절부절 못하거나 가만히 있지를 못한다.

GPA® 도형심리 유형별 특성

에스(곡선)유형
CURVE
다재다능한 예술가

다재 다능한 예술가_CURVE

GPA® Miracle Model

GPA® 도형심리 미라클 **관계코칭**

행복한 인간관계와 성공적인 의사소통을
위하여 자신이 좀 더 노력할 부분이 있다면 무엇일까요?

GPA® 의사소통 방식 훈련

의사소통 방식 훈련 01

° 사람을 좋아하고 싫어하는 편견을 없애고 관대함과 애정을 갖는다.

GPA® 도형심리 미라클 **관계코칭**

행복한 인간관계와 성공적인 의사소통을
위하여 자신이 좀 더 노력할 부분이 있다면 무엇일까요?

GPA® 의사소통 방식 훈련

의사소통 방식 훈련 02

° 타인에 대해 관심을 높이고 장점을 배운다.
° 비판이나 부정적인 언어를 긍정언어로 바꿔본다.

GPA® 도형심리 미라클 **관계코칭**

행복한 인간관계와 성공적인 의사소통을
위하여 자신이 좀 더 노력할 부분이 있다면 무엇일까요?

GPA® 의사소통 방식 훈련

의사소통 방식 훈련 03

- 사회봉사활동에 앞장서고 남을 위해 희생하고 봉사하는 일을 주도해본다.
- 타인의 부탁을 기분좋게 받아들인다.

GPA® 도형심리 미라클 **관계코칭**

행복한 인간관계와 성공적인 의사소통을
위하여 자신이 좀 더 노력할 부분이 있다면 무엇일까요?

GPA® 의사소통 방식 훈련

의사소통 방식 훈련 04

˚ 결심한 것은 끝까지 해본다.
˚ 시간, 금전 등의 계획을 세우고 엄격히 지킨다.

GPA® 도형심리 미라클 **관계코칭**

행복한 인간관계와 성공적인 의사소통을
위하여 자신이 좀 더 노력할 부분이 있다면 무엇일까요?

GPA® 의사소통 방식 훈련

의사소통 방식 훈련 05

° **타인을 격려하고 붙돋아 주며 억지로라도 칭찬한다.**

GPA® 도형심리 미라클 **관계코칭**

행복한 인간관계와 성공적인 의사소통을
위하여 자신이 좀 더 노력할 부분이 있다면 무엇일까요?

GPA® 의사소통 방식 훈련

의사소통 방식 훈련 06

° 상대방의 이야기를 친근감 있게 듣는다.
° 타인이 부탁한 것을 기분 좋게 받아들인다.

GPA® 도형심리 미라클 **관계코칭**

세모타입_Triangle Type

자신이 옳다고 생각하는 의견을 강하게 주장하는 편이며
설득력이 있다는 말을 자주 듣는다.
대화할 때 간접화법보다는 직선적인 화법을 사용하며
과정보다 결론을 듣기 원하여 서론을 생략하고
본론으로 들어간다.

다른 사람이 말하는 것을 끝까지 듣기 어려워 중간에
말을 자르거나 지시적이고 공격적인 말투를 사용하는
경향이 있다.

다른 사람으로부터 부탁을 받았을 때 자신이 원하지
않으면 거절한다. 할말을 하지 못하면 화가 나고
스트레스를 받을 수 있으며 부정적인 감정도 솔직하게
표현한다

GPA® 도형심리 유형별 특성

세모 유형
TRIANGLE
추진력 강한 리더형

추진력 강한 리더형_TRIANGLE

GPA® Miracle Model

GPA® 도형심리 미라클 **관계코칭**

행복한 인간관계와 성공적인 의사소통을 위하여 자신이 좀 더 노력할 부분이 있다면 무엇일까요?

GPA® 의사소통 방식 훈련

세모 유형
TRIANGLE
추진력 강한 리더형

추진력 강한 리더형_TRIANGLE

의사소통 방식 훈련 01

° 같은 상황에서 타인은 어떻게 생각할까를 먼저 고려한다.

GPA® 도형심리 미라클 **관계코칭**

행복한 인간관계와 성공적인 의사소통을 위하여 자신이 좀 더 노력할 부분이 있다면 무엇일까요?

GPA® 의사소통 방식 훈련

세모 유형
TRIANGLE
추진력 강한 리더형

추진력 강한 리더형_TRIANGLE

의사소통 방식 훈련 02

° **부정적이고 비판적인 말을 한 번 더 생각한다.**
° <u>**스스로 겸손하고 상대를 세워준다.**</u>

GPA® 도형심리 미라클 **관계코칭**

행복한 인간관계와 성공적인 의사소통을
위하여 자신이 좀 더 노력할 부분이 있다면 무엇일까요?

GPA® 의사소통 방식 훈련

세모 유형
TRIANGLE
추진력 강한 리더형

추진력 강한 리더형_TRIANGLE

의사소통 방식 훈련 03

° 상대방의 의견을 먼저 묻고 진지하게 경청한다.
° 상대가 어떻게 느끼는지 감정과 정서를 먼저 살핀다.

GPA® 도형심리 미라클 **관계코칭**

행복한 인간관계와 성공적인 의사소통을 위하여 자신이 좀 더 노력할 부분이 있다면 무엇일까요?

GPA® 의사소통 방식 훈련

세모 유형
TRIANGLE
추진력 강한 리더형

추진력 강한 리더형_TRIANGLE

의사소통 방식 훈련 04

° 세부적인 일까지 신경쓰고 감정적인 배려를 한다.

GPA® 도형심리 미라클 **관계코칭**

행복한 인간관계와 성공적인 의사소통을
위하여 자신이 좀 더 노력할 부분이 있다면 무엇일까요?

GPA® 의사소통 방식 훈련

세모 유형
TRIANGLE
추진력 강한 리더형

추진력 강한 리더형_TRIANGLE

의사소통 방식 훈련 05

° 자신의 기분이나 감정을 조절, 억제 할 수 있는 훈련을 한다.
° 불만이 있을지라도 즉각 표현하지 않는다.

GPA® 도형심리 미라클 **관계코칭**

행복한 인간관계와 성공적인 의사소통을
위하여 자신이 좀 더 노력할 부분이 있다면 무엇일까요?

GPA® 의사소통 방식 훈련

추진력 강한 리더형_TRIANGLE

의사소통 방식 훈련 06

° 분란을 일으키는 일을 주도하지 않는다.
° 집단이나 타인이 정한 사양에 따른다.

GPA® 도형심리 미라클 **관계코칭**

오각형 타입_Pentagon

자신이 옳다고 생각되는 의견을 강하게 주장하는 편이며 설득력이 있다는 말을 자주 듣는다. 이성적이고 차분하며 냉정하게 생각하고 대화할 때 간접화법보다는 직선적인 화법을 사용한다.

부정적인 감정도 솔직하게 표현하며 너무 진지하거나 융통성이 없다는 말을 자주 듣는다. 타인의 평가에 구애 받지 않고 자신의 의견을 말하며 과정보다는 결론을 듣기 원하고 서론을 생략하고 본론으로 들어간다.

다른 사람의 부탁을 받았을 때 자신이 원하지 않으면 거절하며 규칙을 선호하고 논리적이며 분석적인 대화방법을 선호한다

GPA® 도형심리 유형별 특성

오각형 유형
PENTAGON
행정능력이 탁월한 지도자

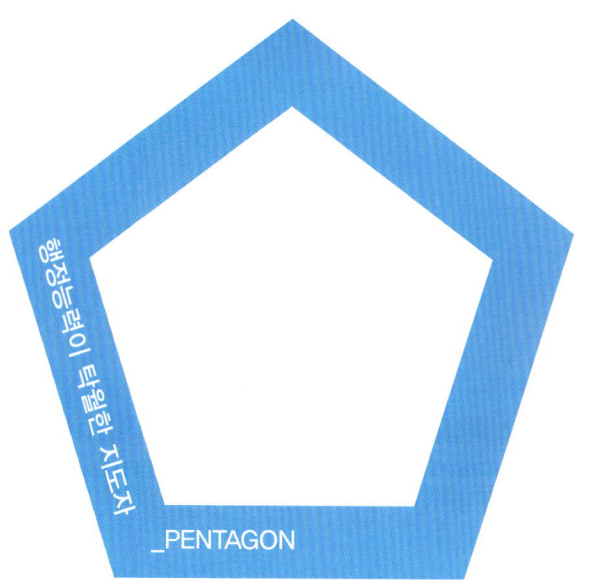
_PENTAGON

GPA® Miracle Model

GPA® 도형심리 미라클 **관계코칭**

행복한 인간관계와 성공적인 의사소통을
위하여 자신이 좀 더 노력할 부분이 있다면 무엇일까요?

GPA® 의사소통 방식 훈련

오각형 유형
PENTAGON
행정능력이 탁월한 지도자

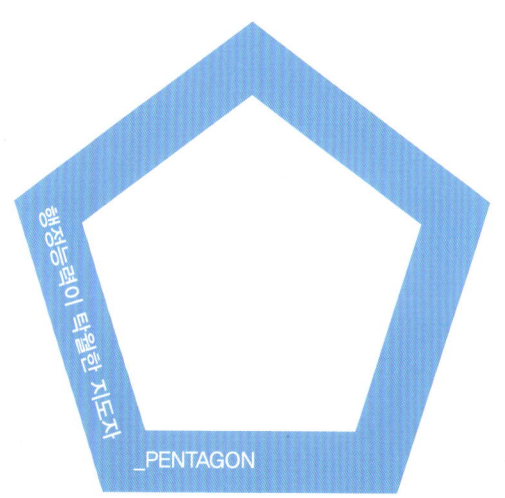

_PENTAGON

의사소통 방식 훈련 01

° 개방적인 사고와 자율적 태도를 수용하라.
° 완벽함과 높은 기대에 대한 욕심을 낮춘다.

GPA® 도형심리 미라클 **관계코칭**

행복한 인간관계와 성공적인 의사소통을
위하여 자신이 좀 더 노력할 부분이 있다면 무엇일까요?

GPA® 의사소통 방식 훈련

오각형 유형
PENTAGON
행정능력이 탁월한 지도자

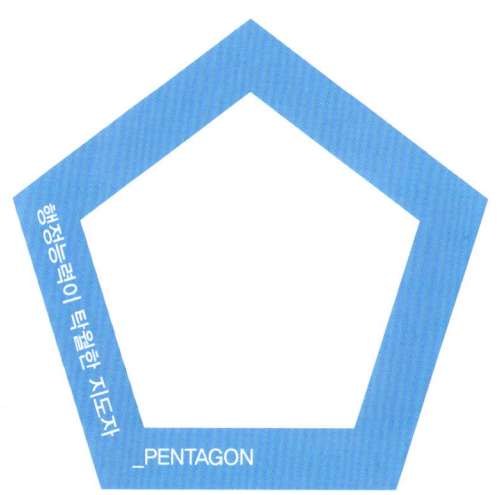

의사소통 방식 훈련 02

° 따뜻하고 친절한 감성화법을 개발한다.
° 부드러운 눈빛과 표정을 연습한다.

GPA® 도형심리 미라클 **관계코칭**

행복한 인간관계와 성공적인 의사소통을
위하여 자신이 좀 더 노력할 부분이 있다면 무엇일까요?

GPA® 의사소통 방식 훈련

오각형 유형
PENTAGON
행정능력이 탁월한 지도자

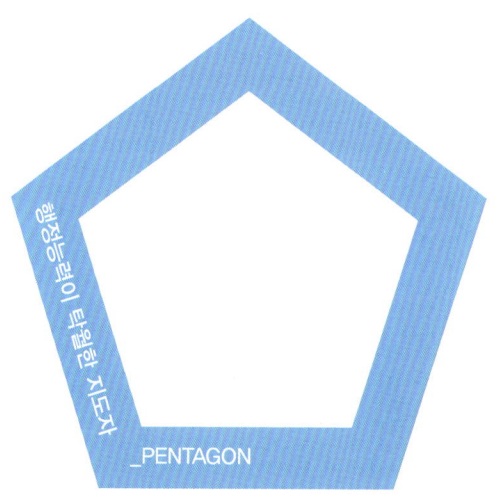

의사소통 방식 훈련 03

° 복잡하고 많은 생각을 언어로 단순하게 표현해본다.

GPA® 도형심리 미라클 **관계코칭**

행복한 인간관계와 성공적인 의사소통을
위하여 자신이 좀 더 노력할 부분이 있다면 무엇일까요?

GPA® 의사소통 방식 훈련

오각형 유형
PENTAGON
행정능력이 탁월한 지도자

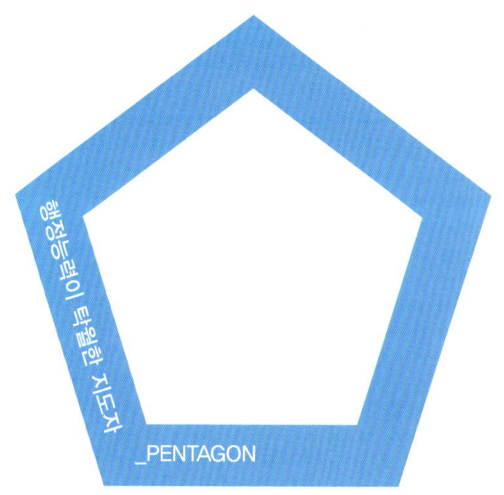

의사소통 방식 훈련 04

° 엉뚱하고 익살스러운 유머를 개발하고
 자주 사용하는 훈련을 해본다.

GPA® 도형심리 미라클 **관계코칭**

행복한 인간관계와 성공적인 의사소통을
위하여 자신이 좀 더 노력할 부분이 있다면 무엇일까요?

GPA® 의사소통 방식 훈련

오각형 유형
PENTAGON
행정능력이 탁월한 지도자

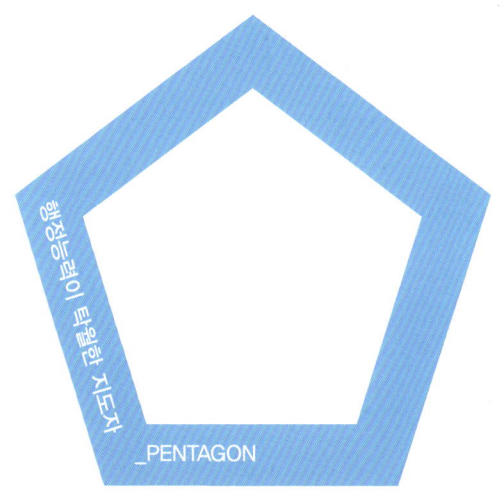

의사소통 방식 훈련 05

° 정해진 주제에서 벗어나 역 발상을 시도하고
그런 태도를 수용하도록 노력하라.

GPA® 도형심리 미라클 **관계코칭**

행복한 인간관계와 성공적인 의사소통을
위하여 자신이 좀 더 노력할 부분이 있다면 무엇일까요?

GPA® 의사소통 방식 훈련

오각형 유형
PENTAGON
행정능력이 탁월한 지도자

의사소통 방식 훈련 06

° **유연성을 길러라.**
° **옳고 그름에 대한 이분법적 사고에서 벗어나라.**

GPA® 도형심리 미라클 **관계코칭**

육각형 유형_HEXAGON TYPE

자신이 말을 하기보다는 상대방의 말을 더 많이 듣는 편이며 상대방의 입장과 감정을 잘 공감하고 배려하는 편이다.

대화하기 전에 실수하면 어떡하나 걱정이 먼저 앞서고 상대방으로부터 비난 받지 않으려고 먼저 비위를 맞추는 편이다. 타인의 요청이나 부탁을 거절하기 어렵고 부정적인 감정표현을 하기 어렵다.

단정적인 언어보다는 결론을 뒤로 미루는 경향이 있다. 어떤 일이 잘못되면 나의 잘못으로 돌리는 경향이 있고 지나치게 타인의 감정을 의식한다.

GPA® 도형심리 유형별 특성

육각형 유형
HEXAGON
원만한 협력자 성인군자형 참모

GPA® Miracle Model

GPA® 도형심리 미라클 **관계코칭**

행복한 인간관계와 성공적인 의사소통을
위하여 자신이 좀 더 노력할 부분이 있다면 무엇일까요?

GPA® 의사소통 방식 훈련

육각형 유형
HEXAGON
원만한 협력자 성인군자형 참모

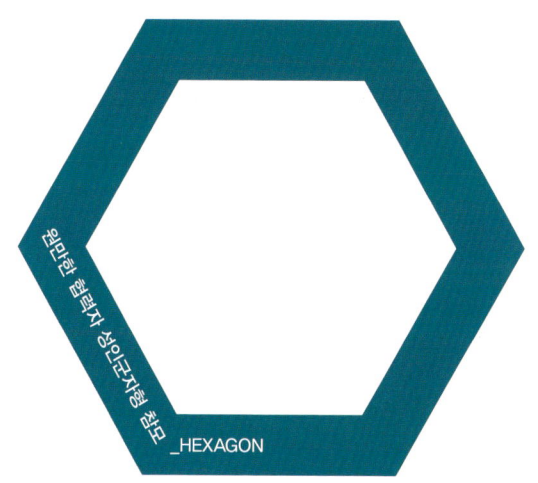

의사소통 방식 훈련 01

° 옳고 그름을 명확히 판단하고
 자기의견을 솔직하게 표현하라.

GPA® 도형심리 미라클 **관계코칭**

행복한 인간관계와 성공적인 의사소통을
위하여 자신이 좀 더 노력할 부분이 있다면 무엇일까요?

GPA® 의사소통 방식 훈련

육각형 유형
HEXAGON
원만한 협력자 성인군자형 참모

_HEXAGON

의사소통 방식 훈련 02

° **우유부단함을 극복하기 위한
 의사결정능력을 길러라.**

GPA® 도형심리 미라클 **관계코칭**

행복한 인간관계와 성공적인 의사소통을 위하여 자신이 좀 더 노력할 부분이 있다면 무엇일까요?

GPA® 의사소통 방식 훈련

육각형 유형
HEXAGON
원만한 협력자 성인군자형 참모

의사소통 방식 훈련 03

° **신속하고 빠른 행동력을 길러라.**
° **분석적이고 객관적인 비평능력을 길러라.**

GPA® 도형심리 미라클 **관계코칭**

행복한 인간관계와 성공적인 의사소통을 위하여 자신이 좀 더 노력할 부분이 있다면 무엇일까요?

GPA® 의사소통 방식 훈련

육각형 유형
HEXAGON
원만한 협력자 성인군자형 참모

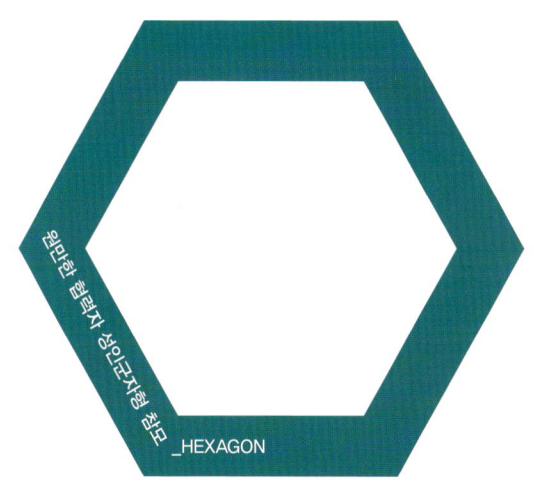

의사소통 방식 훈련 04

° 자기주장이나 감정을 적극적으로 표현하라.
° 좋고 싫은 감정에 대해 분명하게 의사표현을 하라.

GPA® 도형심리 미라클 **관계코칭**

행복한 인간관계와 성공적인 의사소통을 위하여 자신이 좀 더 노력할 부분이 있다면 무엇일까요?

GPA® 의사소통 방식 훈련

육각형 유형
HEXAGON
원만한 협력자 성인군자형 참모

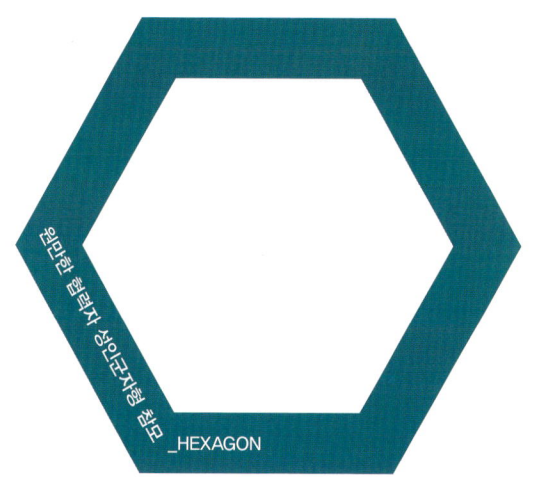

의사소통 방식 훈련 05

° 할 수 없는 일에 대해서는 분명하게 거절하라.

GPA® 도형심리 미라클 **관계코칭**

행복한 인간관계와 성공적인 의사소통을
위하여 자신이 좀 더 노력할 부분이 있다면 무엇일까요?

GPA® 의사소통 방식 훈련

육각형 유형
HEXAGON
원만한 협력자 성인군자형 참모

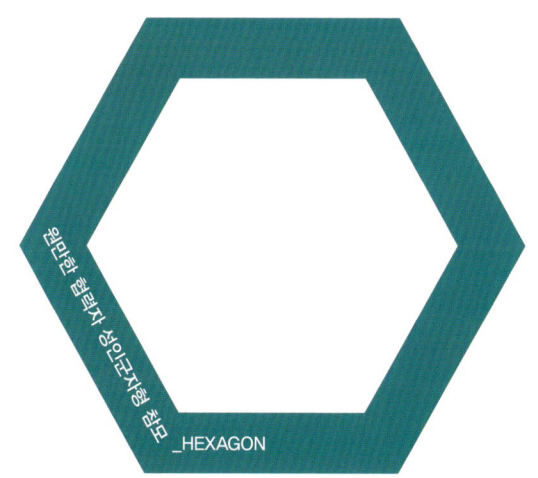

의사소통 방식 훈련 06

° 타인의 감정에 지나치게 민감하지 않도록 노력하라.
° 타인에 대한 평가를 명확히 하라.

GPA® 도형심리 미라클 **관계코칭**

사각형 유형_SQUARE TYPE

말수가 적어 자신이 말을 많이 하기보다는 상대방의
말을 더 많이 듣는 편이며 상대방의 입장과 감정을
잘 공감하고 배려하는 편이다.

상대방으로부터 비난 받지 않으려고 먼저 비위를 맞추고
타인의 요청이나 부탁을 거절하기 어렵고 부정적인
감정표현을 하기 어렵다. 규칙을 선호하고 논리적이고
분석적인 대화방법을 선호한다.

대화할 때 너무 진지하고 융통성이 적고 단정적인
언어보다는 결론을 뒤로 미루는 경향이 있다.
작성된 원고대로 의견을 말하는 것이 편안하다

GPA® 도형심리 유형별 특성

사각형 유형
SQUARE
정확하고 철저한 내용전문가

정확하고 철저한 내용전문가_SQUARE

GPA® Miracle Model

GPA® 도형심리 미라클 **관계코칭**

행복한 인간관계와 성공적인 의사소통을
위하여 자신이 좀 더 노력할 부분이 있다면 무엇일까요?

GPA® 의사소통 방식 훈련

사각형 유형
SQUARE
정확하고 철저한 내용전문가

정확하고 철저한 내용전문가_SQUARE

의사소통 방식 훈련 01

° 회의를 주도해본다.
° 등을 펴고 동작을 크게 한다.

GPA® 도형심리 미라클 **관계코칭**

행복한 인간관계와 성공적인 의사소통을
위하여 자신이 좀 더 노력할 부분이 있다면 무엇일까요?

GPA® 의사소통 방식 훈련

사각형 유형
SQUARE
정확하고 철저한 내용전문가

정확하고 철저한 내용전문가_SQUARE

의사소통 방식 훈련 02

° **타인에게 관심과 호의를 말로써 표현한다.**

GPA® 도형심리 미라클 **관계코칭**

행복한 인간관계와 성공적인 의사소통을
위하여 자신이 좀 더 노력할 부분이 있다면 무엇일까요?

GPA® 의사소통 방식 훈련

사각형 유형
SQUARE
정확하고 철저한 내용전문가

정확하고 철저한 내용전문가_SQUARE

의사소통 방식 훈련 03

° 사물의 옳고 그름을 명확히 판단해본다.
° 타인에 대한 평가를 확실하게 한다.

GPA® 도형심리 미라클 **관계코칭**

행복한 인간관계와 성공적인 의사소통을
위하여 자신이 좀 더 노력할 부분이 있다면 무엇일까요?

GPA® 의사소통 방식 훈련

사각형 유형
SQUARE
정확하고 철저한 내용전문가

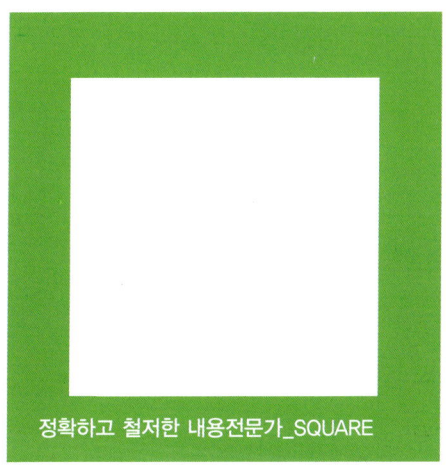

정확하고 철저한 내용전문가_SQUARE

의사소통 방식 훈련 04

° 할 수 없는 일에 대해 분명하고 명확하게 거절한다.
° 주위에 좋지 않은 행동에 대해 주의를 준다.

GPA® 도형심리 미라클 **관계코칭**

행복한 인간관계와 성공적인 의사소통을
위하여 자신이 좀 더 노력할 부분이 있다면 무엇일까요?

GPA® 의사소통 방식 훈련

정확하고 철저한 내용전문가_SQUARE

의사소통 방식 훈련 05

° 좋고 싫은 감정에 대해 분명한 의사표현을 한다.

GPA® 도형심리 미라클 **관계코칭**

행복한 인간관계와 성공적인 의사소통을
위하여 자신이 좀 더 노력할 부분이 있다면 무엇일까요?

GPA® 의사소통 방식 훈련

정확하고 철저한 내용전문가_SQUARE

의사소통 방식 훈련 06

° 자신감을 가지고 큰소리로 이야기한다.

My Story

My Story

추진력 강한 리더형_TRIANGLE

My Story

정확하고 철저한 내용전문가_SQUARE

My Story

OMR GPA® 기하심리성격 유형검사점수표

타입	ER	IR	T	P	B	H	IS	ES	성격1	성격2
외향 : 내향	◎	○	△	⬠	☐	⬡	S	🗨		
점수										
성격특성	사교형	친화형	도전형	진취형	분석형	수용형	창조형	자율형	대화1	대화2
의사소통점수										
의사소통특성	주관적 표현	정서적 공감	지시적 통제	주장적 관철	객관적 신중	중립적 위임	독립적 자율	자율적 방임		

정서지수	1	2	3	4	5	6	7	8	9	10	11	8점이상 (해당번호)
점수